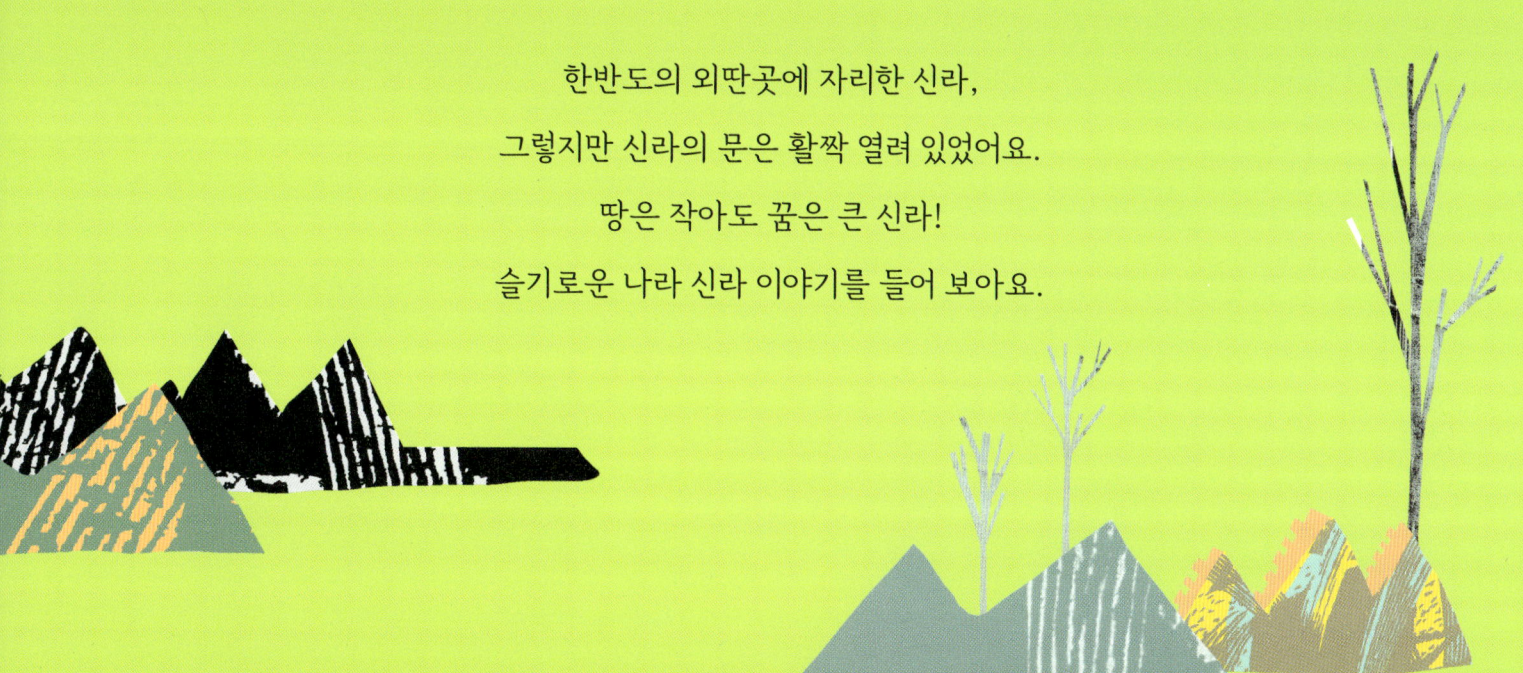

한반도의 외딴곳에 자리한 신라,
그렇지만 신라의 문은 활짝 열려 있었어요.
땅은 작아도 꿈은 큰 신라!
슬기로운 나라 신라 이야기를 들어 보아요.

슬기로운 나라 신라

이현 글 | 김숙경 그림

한반도의 동남쪽 바닷가, 진한 땅에서 새로운 나라가 일어났어요.
신비한 빛에 휩싸인 붉은 알에서 태어난 박혁거세가 첫 번째 왕이 되었지요.
나라의 이름은 '신라'라 했어요.
하지만 '나라'라고 부르기에는 너무도 작은 나라였습니다.

신라는 외딴곳에 있었습니다.
해발 천 미터가 넘는 높다란 산맥에 둘러싸여 있었어요.
동남쪽에 바다가 펼쳐져 있었지만, 중국과 오가기엔 너무 멀었지요.
새로운 문물을 배우기 어려웠어요.

고구려처럼 강한 군대를 가진 것도 아니었어요.
백제처럼 너른 벌판도 없었지요.
이따금 왜구들까지 쳐들어와 신라를 괴롭혔어요.
신라는 강한 나라들에게 둘러싸인 채 숨죽여 지내야 했지요.

그러던 어느 날, 동쪽 바다에 신비한 배가 홀연히 나타났어요.
배 안에는 상자가 하나 들어 있었지요.

바닷가에 사는 할머니가 배를 뭍으로 끌고 와 상자를 열어 봤어요.
한 사내아이가 상자에서 나왔습니다.

"저희 아버지는 먼 나라의 왕입니다. 그런데 왕비인 제 어머니가 알을 낳았어요.
놀란 아버지는 알을 상자에 넣어 바다로 띄워 보냈지요.
그리고 상자 속 알에서 제가 태어났습니다."

상자에서 나온 아이는 '석탈해'라는 이름을 얻었어요.
용기 있고 지혜로운 사람으로 자라나
그 이름이 왕에게까지 알려졌지요.
훗날 석탈해는 신라의 네 번째 왕이 되었어요.

그러던 어느 날, 서라벌*의 어느 숲에서 환한 빛이 새어 나왔어요.
하늘에 뜬 보랏빛 구름이 땅까지 길게 드리웠어요.
어디선가 닭 우는 소리도 크게 울렸지요.

"신비한 일이 일어날 모양이구나. 어서 가 보자."

탈해왕은 신하들을 데리고 숲으로 갔어요.
어느 나무의 높은 가지에 황금빛 상자가 놓여 있었어요.
탈해왕이 상자를 열자 사내아이가 나왔습니다.
아이는 '김알지'라는 이름을 얻었어요.
훗날 김알지의 후손도 신라의 왕이 되지요.

* **서라벌** 경주의 옛 이름.

신라에서는 박씨, 석씨, 김씨가 번갈아 왕이 되었습니다.
그러다 김씨가 계속 왕위에 올랐지요.
이렇게 왕이 될 수 있는 신분을 '성골'이라고 했어요.
다음으로 높은 신분은 '진골'이었어요.
왕이 될 순 없지만, 진골 역시 귀한 신분으로 대접받았어요.

그 아래로 6두품부터 1두품까지 여섯 신분이 있었고, 두품에 들지 못한 사람들은 평민이었어요.
신분에 따라 하는 일도 정해져 있었지요.
이런 신라의 신분 제도를 '골품제'라고 합니다.

신라도 차츰 성장했어요. 힘을 기르고 영토를 넓혔지요.

가야의 여러 나라 중 우두머리인 금관가야도 신라에 항복했습니다.

신라는 금관가야의 왕족을 진골 귀족으로 대접해 주었어요.

백제에게 망한 나라의 백성들이 신라로 오기도 했어요.

고구려에 쫓겨 내려오는 사람들도 있었지요.

왜국에서 건너오는 사람들도 있었고요.

중국이나 서역*에서도 다양한 사람들이 신라를 찾았어요.

마침내 신라에도 불교가 전해졌어요.

● **서역** 중앙아시아를 포함한 중국 서쪽의 여러 나라를 가리키는 말.

법흥왕은 불교로 신라가 한마음이 되기를 바랐습니다.
하지만 신라 사람들은 불교에 마음을 열지 않았어요.

"하늘과 땅을 믿으면 될 일이지, 부처는 또 뭐란 말인가?"

법흥왕은 이차돈이라는 젊은 신하를 남몰래 만났습니다.
그 후 이차돈은 절을 짓기 시작했지요.
법흥왕은 짐짓 불교에 반대하는 척하며 크게 화를 냈어요.

"이차돈을 당장 잡아들여라!"

이차돈은 왕 앞에 끌려와서도 당당했습니다.

"신라가 부처님을 믿는다면 저는 목숨도 아깝지 않습니다. 제 목을 치십시오.
부처님이 계시다면, 신비한 일이 일어날 것입니다."
"이차돈의 목을 치거라!"

법흥왕의 명령에 따라 병사가 이차돈의 목을 칼로 쳤습니다.
그러자 이차돈의 목에서 새하얀 피가 솟구쳤어요.
하늘에서는 아름다운 꽃들이 떨어져 내렸어요.
그때부터 신라 사람들이 불교를 믿게 되었어요.

신라 저편에서는 고구려와 백제의 전투가 끊이지 않았어요.
그러다 고구려가 백제를 남쪽으로 밀어내고 한강을 차지했어요.
백제는 그대로 물러서지 않았어요.
백제 성왕이 신라 진흥왕에게 사신을 보냈어요.

"우리 백제는 고구려에 한강을 빼앗겼소!
신라도 고구려에게 짓눌려 지내지 않소?
우리 힘을 합쳐 고구려에 맞섭시다. 고구려를 한강 북쪽으로 쫓아냅시다!"

신라 진흥왕은 아직 열일곱 살 소년이었어요.
그래도 어느 왕 못지않게 지혜로웠고 신라를 위하는 길을 잘 알았어요.
진흥왕은 백제와 손을 잡았습니다.

신라와 백제 연합군이 고구려군을 이겼어요.
고구려군은 한강 북쪽으로 쫓겨났어요.

"와아아아아아!"

신라군과 백제군은 함께 환호했어요.
하지만 속으로는 서바나 딴생각을 하고 있었지요.

"한강은 원래 백제 땅이었으니까,
이제 백제 것이야!"
"우리 신라가 더 열심히 싸웠으니까,
이제 한강은 신라 것이야!"

신라와 백제는 한강을 둘러싸고 싸웠어요.
결국 신라가 크게 이겼습니다.
백제는 전투에서 졌을 뿐 아니라, 성왕까지 목숨을 잃고 말았습니다.

신라가 한강의 새 주인이 되었어요.
영토는 두 배나 넓어졌고, 한강을 따라 마음껏 서해로 나갈 수도 있었어요.
중국과 자유로이 오가게 되었지요.
진흥왕은 그것으로 만족하지 않았습니다.

"자, 이제 가야의 남은 땅을 정벌해야겠소."

이사부 장군이 군사를 이끌고 가야를 공격했어요.
화랑 사다함과 그가 이끄는 낭도들이 맨 앞에서 싸웠어요.
사다함은 열여섯 살 소년이었지만 누구보다 용감했어요.

화랑의 나이는 열다섯 살에서 열여덟 살, 신분은 진골 귀족이어야 했어요.
함께 모여 나라를 위한 뜻을 세우고 무예를 익혔어요.
평민 신분의 소년들을 낭도로 거느리고 전쟁에 대비해 군사 훈련도 했어요.
화랑과 낭도들에겐 꼭 지켜야 할 규칙이 있었어요.

첫째, 왕에게 충성을 다해야 한다.

둘째, 부모에게 효도를 다해야 한다.

셋째, 친구 사이에 믿음을 지켜야 한다.

넷째, 싸움터에서 도망치면 안 된다.

다섯째, 살아 있는 목숨은 함부로 해쳐서는 안 된다.

가야 출신 김유신과 신라 왕족 김춘추도 화랑이었어요.
둘은 어른이 되어서도 신라를 걱정했어요.

"유신공, 백제가 또 우리 신라를 공격했소.
언제까지 전쟁에 시달려야 한단 말이오?
왜국도 백제와 가깝게 지내며,
틈만 나면 우리 신라를 괴롭히지 않소?"

"춘추공, 요사이 백제와 고구려의 뜻이 통하는 듯하니 더욱 걱정이오. 전쟁 걱정 없이 평화롭게 지낼 수 있다면 얼마나 좋겠소!"

김유신은 신라를 위해 장군으로 용맹하게 싸웠어요.
김춘추는 지혜로운 관리로 바삐 일했어요.

그 무렵 신라 진평왕에게는 덕만이라는 공주가 있었어요.

한번은 당나라가 신라에는 없는 꽃 그림을 선물했어요.

그런데 공주가 그림만 보고 꽃에 대해 알아챘어요.

"그림에 벌과 나비가 없네요. 이 꽃은 아름답지만 아무런 향이 없나 봅니다."

과연 그 말대로였어요.

그림 속 꽃은 모란, 아름답지만 향기가 없는 꽃이에요.

진평왕이 세상을 떠난 뒤, 덕만 공주가 왕이 되었어요.
신라의 스물일곱 번째 왕, 선덕여왕입니다.
우리나라 최초의 여왕이지요.

선덕여왕은 지혜롭게 나라를 다스렸습니다.
첨성대를 세워서 하늘을 관찰했어요.
날짜를 헤아리고 날씨를 살피는 데 아주 중요한 일이었지요.
하지만 전쟁이 그치지 않았습니다. 많은 사람이 죽거나 다쳤습니다.
왕족인 김춘추도 백제군에게 딸을 잃었지요.

김춘추는 선덕여왕에게 머리 숙여 청했습니다.

"김춘추 아뢰옵니다. 소신이 고구려로 가겠사옵니다.
고구려의 도움을 얻어 백제를 물리치겠사옵니다."
"춘추공이 고구려에서 위험에 빠진다면,
저 김유신과 신라군이 구해 낼 것이옵니다."

그때 고구려의 왕은 보장왕이었어요.
하지만 연개소문 장군이
왕보다 더 대단한 힘을 가지고 있었지요.
김춘추는 고구려로 가서 연개소문 장군을 만났습니다.

"만약 백제가 우리 신라를 몰아내고
한강을 차지하면, 어찌 되겠사옵니까?
백제는 다음으로 고구려를 공격할 것입니다.
신라를 도와주십시오.
신라를 도와 백제를 막는 것이
고구려에도 좋은 일입니다."

하지만 연개소문 장군은
뜻밖의 소리를 꺼냈습니다.

"지금 신라가 차지한 한강 땅은,
본디 고구려의 것이오!
우선 그 땅을 고구려에게 돌려주시오.
그러면 신라를 도와주겠소!"

도움을 얻기는커녕, 땅을 빼앗길 형편이었지요.
김춘추는 가까스로 목숨을 구해
고구려에서 도망쳤습니다.

김춘추는 바다 건너 당나라로 가서 황제를 만났습니다.

"폐하, 저희 신라는 당나라를 황제의 나라로 높이 받들고 싶습니다.
그런데 백제가 바닷길을 막고 있으면 무슨 수로 당나라에 올 수 있겠사옵니까?
백제를 물리칠 수 있도록 신라를 도와주시옵소서. 폐하!"

당나라는 백제와 신라에겐 큰 관심이 없었어요.
하지만 고구려는 눈엣가시였습니다.
고구려에 쳐들어갔다가 크게 패한 적이 있었으니까요.
당나라 황제 태종은 신라의 제안이 마음에 들었어요.

'일단 신라를 도와 백제를 무너뜨려야겠군!
그리고 신라와 우리가 아래위에서 동시에 공격한다면
제아무리 고구려라도 당해 내지 못하겠지!'

당나라는 신라와 한편이 되기로 약속했습니다.

그런데 선덕여왕이 그만 일찍 세상을 떠났어요.
그 뒤를 이은 진덕여왕까지 오래지 않아 세상을 떠나고 말았습니다.
이제 신라에 성골은 아무도 남지 않았어요.

진골 귀족들은 진골 중 한 사람을 왕으로 모시기로 했습니다.

"춘추공을 신라의 새로운 왕으로 모십시다!"

김춘추가 신라의 왕이 되었습니다.
스물아홉 번째로 왕위에 오른 태종 무열왕이에요.

신라는 외딴곳에 자리한 나라였어요.
그러나 나라를 사랑하는 굳은 마음이 있었고,
혼자 힘으로 안 되면 도움을 구하는 지혜가 있었지요.
신라는 삼국 간의 기나긴 전쟁을 끝내기로 했어요.

신라와 당나라 대 백제.

신라와 당나라 대 고구려.

가까운 나라들이 두 편으로 나뉘어 칼을 겨누었어요.

삼국의 운명을 건 전쟁이 다가오고 있었습니다.

나의 첫 역사 여행

다 같이 돌자, 경주 한 바퀴!

 계림

경주 계림

신라의 첫 번째 김씨 왕인 김알지는
금으로 만든 상자에서 나타났어요.
그 금 상자가 놓여 있던 곳이
'계림'이라는 숲이에요.
지금도 계림은 울창한 숲으로 남아 있지요.

월성

경주문화관광 ▼ guide.gyeongju.go.kr
첨성대 영상관 ▼

경주 첨성대

신라의 왕성은 월성이라고 불렀어요.
성의 모양이 반달처럼 생겨서 반월성이라고도 해요.
성벽은 사라졌지만, 성안에는 왕궁의 옛 모습이 남아 있어요.
그중에서도 우뚝 선 첨성대가 멋스럽지요.
첨성대는 별을 관찰하는 곳이에요.
361개의 돌을 쌓아 높다란 천문대를 지은 거예요.

황룡사지

황룡사지를 상상해 만든 모형

황룡사 역사 문화관 ▼

신라 사람들은 황룡사라는 웅장한 절을 지었어요.
절을 짓는 데 무려 백 년이 걸렸대요.
멋진 불당이 즐비하게 늘어서 있고,
때마다 종소리가 하늘까지 울렸지요.
부처님의 나라 인도에서도 만들지 못한 큰 불상도 있었고,
자그마치 9층으로 된 목탑도 있었어요.
그런데 황룡사는 그만 불에 타 사라져 버렸어요.
지금은 불당 건물을 받치던 주춧돌만 남아
황룡사의 옛 모습을 드러내고 있지요.

왕릉

경주 황남리 고분군 ▼
국립 경주 박물관 gyeongju.museum.go.kr

경주에는 무려 36개의 왕릉이 있어요.
언덕 같은 웅장한 왕릉을 곳곳에서 볼 수 있지요.
집들 사이로, 건물들 사이로 왕릉이 우뚝우뚝 솟아 있는 거예요.
그중 왕릉 23개가 모여 있는 곳을 '대릉원'이라고 해요.
대릉원에서는 천마총이라는 무덤이 가장 유명해요.
천마는 '하늘을 나는 말'이라는 뜻이에요.
천마를 그린 그림이 발견된 무덤이라서 천마총이라고 부르지요.

경주시 황남동의 대릉원

천마총에서 발견된 〈천마도〉

> 나의 첫 역사 클릭!

신라는 화랑도가 지킨다!

신라는 삼국 중에서 가장 땅도 좁고, 힘도 없는 나라였어요.
고구려, 백제, 왜구에게도 시달렸어요.
그렇다고 순순히 당하진 않았습니다.
청소년들까지 신라를 지키려는 마음으로 모여 화랑도를 꾸렸어요.
화랑도는 나라를 지키기 위해 함께 노력했어요.
공부도 하고, 운동도 하고, 싸움의 기술도 익혔지요.

그리고 훌륭한 스승에게 화랑의 도리를 배웠어요.
화랑이라면 꼭 지켜야 할 다섯 가지 약속이었지요.
나라에 충성하고, 부모에 효도하고,
친구를 진심으로 아낀다는 약속이었어요.
싸움에 나가면 절대 도망치지 않기로 했고,
생명을 함부로 해치지 않겠다고 다짐했어요.

화랑들이 돌에 자신들의 맹세를 새겨 땅에 묻었던 임신서기석

훗날 태종 무열왕이 된 김춘추도, 삼국 통일을 이끈 김유신 장군도,
신라의 큰스님인 원효대사도, 화랑도에서 활약했어요.
전쟁터에서 싸우다 목숨을 잃은 화랑들도 있었어요.

김유신 장군의 아들 원술도 화랑이었는데 전쟁터에 나갔다가 도망쳐 왔어요.
김유신 장군은 화랑의 약속을 저버렸다며 아들을 내쫓았어요!
죽음을 피해 도망쳤을 텐데, 과연 비겁한 행동이었을까요?

김유신 장군의 묘

신라 영토를 넓힌 진흥왕이 북한산에 세운 순수비

슬픈 일, 기쁜 일, 무서운 일, 즐거운 일,
어떤 일이 있더라도 화랑도의 마음은 변치 않았어요.
신라는 화랑도와 함께 삼국을 통일했어요.

글 이현

세상 모든 것의 이야기가 궁금한 동화작가입니다. 우리나라 곳곳에 깃든 이야기를 찾아 어린이들의 첫 번째 역사책을 쓰고 있습니다. 그동안《짜장면 불어요》,《로봇의 별》,《악당의 무게》,《푸른 사자 와니니》,《플레이 볼》,《일곱 개의 화살》,《조막만 한 조막이》,《내가 하고 싶은 일, 작가》등을 썼습니다. 제13회 전태일 문학상, 제10회 창비좋은어린이책 공모 대상, 제2회 창원아동문학상 등을 받았습니다.

그림 김숙경

이야기와 그림 너머를 상상하게 하는 그림작가입니다. 영국 킹스턴대학교 일러스트레이션 과정을 수료했고 2007년 볼로냐 국제아동도서전에서 '올해의 일러스트레이터'로 선정되었습니다. 그린 책으로《미스터 몽실과 다섯 개의 꿈》,《내가 슈퍼맨이라고?》,《특별하지도, 모자라지도 않은》,《에디슨 아저씨네 상상력 하우스》,《퀴즈 킹》,《풍선 바이러스》,《어린이 박물관–발해》,《사랑 이야기, 담을 넘어 도망친 내시의 아내》,《마음대로봇 1, 2》등이 있습니다.

나의 첫 역사책 5 — 슬기로운 나라 신라

1판 1쇄 발행일 2017년 11월 13일 | 1판 13쇄 발행일 2024년 7월 22일
글 이현 | **그림** 김숙경 | **발행인** 김학원 | **기획·편집** 이주은 박현혜 도아라 | **표지·본문 디자인** 유주현 한예슬
저자·독자 서비스 humanist@humanistbooks.com | **스캔** (주)로얄프로세스 | **용지** 화인페이퍼 | **인쇄** 삼조인쇄 | **제본** 다인바인텍
발행처 휴먼어린이 | **출판등록** 제313-2006-000161호(2006년 7월 31일) | **주소** (03991) 서울시 마포구 동교로23길 76(연남동)
전화 02-335-4422 | **팩스** 02-334-3427 | **홈페이지** www.humanistbooks.com

글 ⓒ 이현, 2017   그림 ⓒ 김숙경, 2017
ISBN 978-89-6591-344-3 74910
ISBN 978-89-6591-332-0 74910(세트)

- 이 책은 저작권법에 따라 보호받는 저작물이므로 무단 전재와 무단 복제를 금합니다.
- 이 책의 전부 또는 일부를 이용하려면 반드시 저작권자와 휴먼어린이 출판사의 동의를 받아야 합니다.
- **사용연령 6세 이상** 종이에 베이거나 긁히지 않도록 조심하세요. 책 모서리가 날카로우니 던지거나 떨어뜨리지 마세요.